云　南　省　地　方　标　准

联网电子不停车收费关键设备（RSU、OBU及卡）检测技术规范

DB 53/T 2008—2015

人民交通出版社股份有限公司
China Communications Press Co.,Ltd.

图书在版编目（CIP）数据

联网电子不停车收费关键设备（RSU、OBU 及卡）检测技术规范 / 云南省交通科学研究院，云南省交通运输厅规费征收管理办公室，云南省高速公路联网管理中心编. —北京：人民交通出版社股份有限公司，2015.12

ISBN 978-7-114-12701-4

Ⅰ.①联… Ⅱ.①云… ②云… ③云… Ⅲ.①公路收费系统—电子设备—检测—技术规范—云南省 Ⅳ.①U412.36-65

中国版本图书馆 CIP 数据核字（2015）第 315823 号

云南省地方标准

书　　名：联网电子不停车收费关键设备（RSU、OBU 及卡）检测技术规范
著 作 者：云南省交通科学研究院　云南省交通运输厅规费征收管理办公室　云南省高速公路联网管理中心
责任编辑：郭红蕊　韩亚楠
出版发行：人民交通出版社股份有限公司
地　　址：（100011）北京市朝阳区安定门外外馆斜街 3 号
网　　址：http://www.ccpress.com.cn
销售电话：（010）59757973
总 经 销：人民交通出版社股份有限公司发行部
经　　销：各地新华书店
印　　刷：北京鑫正大印刷有限公司
开　　本：880×1230　1/16
印　　张：2
字　　数：60 千
版　　次：2015 年 12 月　第 1 版
印　　次：2015 年 12 月　第 1 次印刷
书　　号：ISBN 978-7-114-12701-4
定　　价：25.00 元
（有印刷、装订质量问题的图书由本公司负责调换）

云南省交通运输厅
云南省质量技术监督局
公告

2015 年第 1 号

关于发布
《联网电子不停车收费关键设备（RSU、OBU 及卡）检测技术规范》（DB 53/T 2008—2015）的公告

现发布《联网电子不停车收费关键设备（RSU、OBU 及卡）检测技术规范》（DB 53/T 2008—2015），自 2015 年 11 月 1 日起施行。

该规范的管理权归云南省交通运输厅，日常解释和管理工作由主编单位云南省交通科学研究院负责。

请各单位在实践中注意总结经验，及时将发现的问题和修改意见函告云南省交通科学研究院（地址：云南省昆明市拓东路石家巷 9 号，邮编：650011），以便修订参考。

特此公告。

云南省交通运输厅
云南省质量技术监督局
2015 年 10 月 14 日

前　言

本标准按照《标准化工作导则　第1部分：标准的结构和编写》(GB/T 1.1—2009)给出的规则起草。

本标准由云南省交通科学研究院提出。

本标准由云南省交通运输标准化技术委员会归口。

本标准起草单位：云南省交通科学研究院、云南省交通运输厅规费征收管理办公室、云南省高速公路联网管理中心。

本标准主要起草人：刘　林　杨晓泉　段明磊　肖　强　师廷敏　王　晶　杨金铨　程智清　刘　聪　王立军　马利平　李　昂　范晶荣

目　　录

目录

联网电子不停车收费关键设备(RSU、OBU及卡)检测技术规范

1 范围

本标准规定了云南省联网电子不停车收费关键设备(RSU、OBU及卡)的术语、定义、符号、缩略语、技术要求、检测方法和检验规则。

本标准适用于云南省收费公路、停车场电子不停车收费系统,城市道路机动车限流收费管理等可参照使用。

2 规范性引用文件

下列文件对于本文件的应用是必不可少的。凡是注日期的引用文件,仅所注日期的版本适用于本文件。凡是不注日期的引用文件,其最新版本(包括所有的修改单)适用于本文件。

GB/T 2423.1　电工电子产品环境试验　第2部分:试验方法　试验A:低温
GB/T 2423.2　电工电子产品环境试验　第2部分:试验方法　试验B:高温
GB/T 4851　压敏胶粘带持粘性试验方法
GB/T 8897.4　原电池　第4部分:锂电池的安全要求
GB/T 14733.9　电信术语　无线电波传播
GB/T 14916　识别卡物理特性
GB/T 18287　移动电话用锂离子蓄电池及蓄电池组总规范
GB/T 20839　智能运输系统通用术语
GB/T 20851.1　电子收费　专用短程通信　第1部分:物理层
GB/T 20851.2　电子收费　专用短程通信　第2部分:数据链路层
GB/T 20851.3　电子收费　专用短程通信　第3部分:应用层
GB/T 20851.4　电子收费　专用短程通信　第4部分:设备应用
GB/T 20851.5　电子收费　专用短程通信　第5部分:物理层主要参数测试方法
GB/T 28968　电子收费　车道配套设施技术要求
DB 53/T 446　云南省公路机电工程质量检验与评定
DB 11/T 1039　电子不停车收费系统电子标签应用技术规范
交通运输部2011年第13号公告　收费公路联网电子不停车收费技术要求
ISO/IEC 7816　识别卡—有触点集成电路卡
ISO/IEC 14443　识别卡—非接触式集成电路卡

3 术语、定义和缩略语

GB/T 20851—2007界定的以及下列术语、定义和缩略语适用于本文件。

3.1 术语和定义

3.1.1

OBU唤醒灵敏度　OBU wakeup sensitivity

车载单元(OBU)在路侧单元(RSU)的天线通信区域内被有效唤醒(返回 VST)时,车载单元所在位置等效为无损全向天线接收到的最小入射功率值。

3.1.2

OBU 接收灵敏度　OBU reception sensitivity

车载单元(OBU)在 RSU 的天线通信区域内,接收数据误码率小于等于 10×10^{-6}时,车载单元所在位置等效为无损全向天线接收到的最小入射功率值。

3.1.3

接收动态范围上限　reception dynamitic range (upper)

电子标签在接收数据误码率小于等于 10×10^{-6}时的最大等效全向入射功率。

3.1.4

接收截止电平　reception cut-off power level

电子标签接收到的等效全向入射功率低于该值时不会进行通信。

3.1.5

OBU 发行　OBU issuing

车载单元(OBU)发行是指车载单元的初始化、密钥替换和用户信息写入等操作。

3.1.6

OBU 零唤醒　OBU instantaneous wakeup

OBU 在收到 RSU 发送的第一个唤醒信号和 BST 数据帧后,即能够完成唤醒和 BST 数据帧的接收、处理,并能够对该 BST 进行 VST 响应,使 OBU 与 RSU 尽快建立通信连接。

3.1.7

OBU 休眠状态　OBU sleeping state

OBU 在正常安装后,未被唤醒时应进入的状态。

3.1.8

OBU 深度休眠　OBU deep sleeping

OBU 在未上电时(防拆装置未启用时)应进入的状态。

3.1.9

交易时间　transaction time

自车载单元(OBU)接收到路侧单元(RSU)发送的第一个可用信标服务表(BST)开始,至电子车载单元返回 SetMMI. rs 结束的时间。

3.1.10

CPU 卡　CPU card

也称智能卡,卡内的集成电路中带有微处理器 CPU、存储单元以及芯片操作系统 COS。

3.1.11

OBU 唤醒响应时间　OBU wakeup response time

自车载单元(OBU)接收到 RSU 发送的信标服务表(BST)数据帧之前的唤醒信号(14kHz 方波)起始时刻起,至车载单元开始返回车辆服务表(VST)的时间。

3.2　缩略语

下列缩略语适用于本标准。

BST　信标服务表(Beacon Service Table)

COS　卡操作系统(Card Operating System)

DSRC　专用短程通信(Dedicated Short Range Communication)

EIRP　等效全向辐射功率(Equivalent Isotropically Radiated Power)

ESAM　嵌入式安全访问模块(Embedded Secure Access Module)
ETC　电子收费(Electronic Toll Collection)
ICC　集成电路卡(Integrated Circuit Card)
I-KE　初始化内核(Initialization Kernel)
ITS　智能运输系统(Intelligent Transportation Systems)
MMI　人机界面(Man-Machine Interface)
OBU　车载单元(电子标签)(On-Board Unit)
RF　射频(Radio Frequency)
RSU　路侧单元(路侧天线)(Road-Side Unit)
TAC　交易验证码(Transaction Authorization Cryptogram)
VST　车辆服务表(Vehicle Service Table)

4　技术要求

4.1　RSU 技术要求

4.1.1　RSU 物理层

RSU 物理层的接收灵敏度、调制系数、领道泄漏功率比应符合表 1 的规定，其他参数应符合 GB/T 20851.1的规定。

表 1　RSU 物理层部分参数要求

序号	参　数	范　围
1	接收灵敏度	≤ −78dBm
2	调制系数	0.7 ~ 0.9
3	邻道泄漏功率比	< −30dB

4.1.2　RSU 数据链路层

RSU 数据链路层的 BST 重发间隔、非 BST 重发间隔、唤醒 14kHz 方波和 BST 之间的间隔应符合表 2 的规定，其他参数应符合 GB/T 20851.2 的规定。

表 2　RSU 数据链路层部分参数要求

序号	参　数	范　围
1	RSU 的 BST 重发间隔	10 ~ 15ms
2	RSU 的非 BST 重发间隔	10 ~ 15ms
3	唤醒 14kHz 方波和 BST 之间的间隔	< 70μs

4.1.3　TAC 码校验

RSU 和 OBU 交易取出的 TAC 码应通过云南省非现金结算系统的校验。

4.2 OBU 技术要求

4.2.1 OBU 物理层

OBU 物理层的唤醒灵敏度、接收灵敏度、唤醒灵敏度可调范围、接收截止电平、接收动态范围上限、发射功率、发射功率可调范围、调制系数、前导码应符合表 3 的规定，其他参数应符合 GB/T 20851.1 的规定。

表 3 OBU 物理层部分参数要求

序号	参 数	范 围
1	唤醒灵敏度	-48 ~ -44dBm
2	接收灵敏度	-60 ~ -50dBm
3	唤醒灵敏度可调范围	-5dB 步长，2 ~ 3 挡可调
4	接收截止电平	-60dBm
5	接收动态范围上限	-20dBm
6	发射功率	-3 ~ 3dBm
7	发射功率可调范围	3dB 步长，2 ~ 3 挡可调
8	调制系数	0.7 ~ 0.9
9	前导码	16 个“0”前加 16 个“1”

4.2.2 OBU 数据链路层

4.2.2.1 一般要求

OBU 数据链路层应符合 GB/T 20851.2 的各项要求。

4.2.2.2 数据帧防碰撞要求

在 OBU 与 RSU 建立专用通信链路之前，OBU 收到 BST 后返回 VST 信号的随机时延时间单位（T_u）取值为 3ms，专用链路建立请求延时计数器（N_1）取值为 0 ~ 2。第一个时延窗口从 BST 数据帧结束后 160μs 开始，一个 VST 数据帧应完整的处于一个 T_u 内，如图 1 所示。

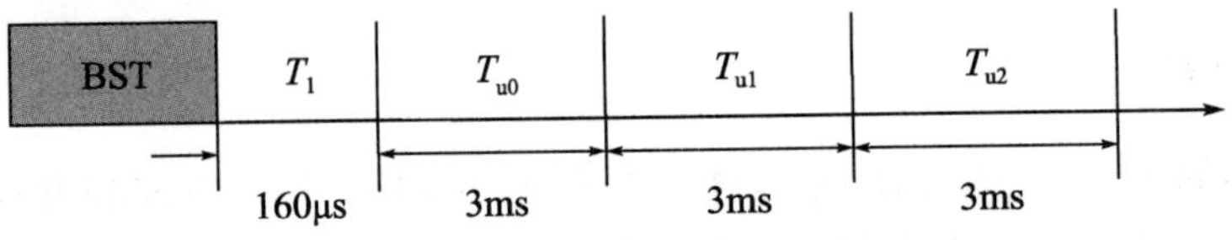

图 1 OBU 返回 VST 时的随机时延窗口

在 OBU 与 RSU 建立专用通信链路后，在下行链路数据帧的重发间隔取值为 10ms 时，上行链路数据帧应在接收到当前下行链路数据帧后的 160μs ~ 8ms 内开始响应，如图 2 所示。

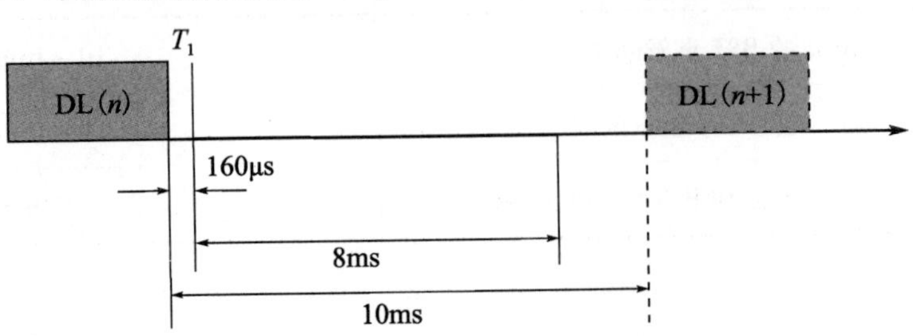

图 2 OBU 返回非 VST 的上行数据帧的随机时延窗口

4.2.2.3 休眠要求

对于内部供电的 OBU，在未发行前，应处于深度休眠状态，以保证 OBU 内部电池的电量。

在正常工作模式下的 OBU 被唤醒后，在下述任一情形下进入休眠状态：

a) 收到链路释放数据帧[Event-Report(Release)]后或在 OBU 发送完 SetMMI. rs 响应后，未收到链路释放数据帧[Event-Report(Release)]300ms 内 OBU 应进行声光提示，并进入休眠状态；
b) 正常交易过程中在 100ms 内未收到有效下行数据帧；
c) 发行过程中唤醒后工作时间超过 3s。

4.2.2.4 OBU 零唤醒时序

在 OBU 无随机延时的情况下，OBU 应在 RSU 发送第一个唤醒信号(14kHz 方波)和 BST 数据帧后的 160μs ~ 5.16ms 做出 VST 响应，如图 3 所示。

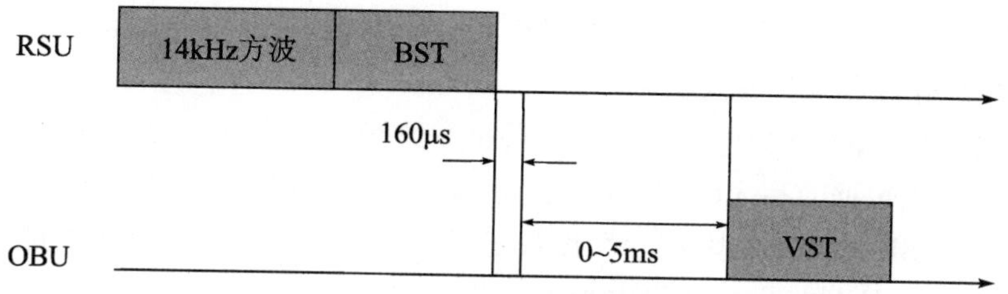

图 3 OBU 零唤醒时序

4.2.3 OBU 应用层

4.2.3.1 一般要求

OBU 应用层应符合 GB/T 20851.3 的各项要求。

4.2.3.2 链路重新建立时间

在已建立的专用链路被释放之前，OBU 不应与其他 RSU(BeaconID 不同)建立新的专用链路。当接收到 BST 后，只有在下列条件之一得到满足时，OBU 方可执行 GB/T 20851.3 规定的链路建立及配置过程：

a) Beacon ID 与最近保存的 Beacon ID 不同；
b) 上一次保存的 Beacon ID 与当前收到 Beacon ID 之间的 UTC 时间差超过 255s。

4.2.4 OBU 设备技术要求

4.2.4.1 OBU 功耗

基于内部电池供电的 OBU 功耗参数应满足表 4 规定的各项要求；基于外部电源供电的 OBU 功耗参数应满足表 5 规定的各项要求。

表 4 基于内部电池供电的 OBU 功耗参数要求

序号	参　数	范　围
1	深度休眠存储电流	<5μA
2	休眠电流	<12μA
3	交易耗电	<60mAs

表 5 基于外部电源供电的 OBU 功耗参数要求

序号	参　数	范　围
1	休眠电流	<150μA

4.2.4.2 OBU 时间要求

OBU 时间要求应满足 4.2.2.4 的规定,且单次交易时间应小于 270ms。

4.2.4.3 OBU 的 IC 卡卡槽

OBU 必须支持非接触式 IC 卡读写功能,且非接触式 IC 卡应满足 ISO/IEC 14443 的有关要求,接触式 IC 卡应满足 ISO/IEC 7816 的有关要求。

当 OBU 使用 GB/T 14916 中 5.1.1 规定的"ID-1 卡未使用的卡"时,OBU 的卡槽尺寸其厚度范围为 0.84mm(0, +0.10),宽度范围为 54.03mm(0, +0.10)。

注:对于接触式 IC 卡的读写功能,由供需双方协定。

4.2.4.4 OBU 防拆卸功能

OBU 应保证防拆卸功能的可靠工作,防拆装置应便于安装。

外部电源供电的 OBU,当外部停止供电后,防拆卸状态信息应正确记录。

4.2.4.5 OBU 数据存储和读写安全机制

OBU 应具有允许读写的 ESAM,用于存储不同业务数据。

OBU 中所有初始化数据的写入(包括文件建立、密钥写入和用户个人信息写入等)和读取均应支持 DSRC 通信方式。OBU 的读写权限控制和设备身份认证等功能通过 ESAM 保证。ESAM 模块可采用独立的芯片,也可将该模块与基带芯片集成为单一芯片。

4.2.4.6 OBU 安装要求

a) 安装位置:电子标签应安装在与地面垂直距离 1.2 ~ 1.4m 处(大型客车应尽量保持在此范围内),前挡风玻璃水平方向中心线附近左右误差不超过 10cm。小型车辆前挡风玻璃存在微波窗口的,单体式电子标签应安装在微波窗口区域内。

b) 粘贴可靠性:OBU 应于车窗玻璃粘贴牢固,在经过剥离试验后,下滑的位移量不应大于 3mm。

4.2.4.7 OBU 电源

内部电池供电的 OBU,在小型微波暗箱中,在连续正常 ETC 交易(交易间隔 1s)的情况下,交易放电次数应大于 3 000 次。并在 OBU 发行后出现首次低电报警时,应具备至少继续进行 300 次连续交易的能力。

电池安全性:OBU 使用的电池应满足 GB/T 8897.4 和 GB/T 18287 的要求。

4.2.4.8 OBU 环境适应性能

a) 耐低温存储性能:在 -20℃ 条件下,试验 8h,试验结束后,OBU 应工作正常。

b) 耐低温工作性能:在 -20℃ 条件下,试验 8h,试验期间和试验结束后,OBU 应工作正常。

c) 耐高温存储性能:在 +70℃ 条件下,试验 8h,试验结束后,OBU 应工作正常。

d) 耐高温工作性能:在 +55℃ 条件下,试验 8h,试验期间和试验结束后,OBU 应工作正常。

4.2.4.9 OBU 人机界面

OBU 显示屏不应显示规定以外的自定义信息,OBU 提示内容要求见表 6,并且 OBU 蜂鸣器的蜂鸣最大声压级应大于等于 60dB(A)。

表 6 OBU 人机界面提示

序号	OBU 状态	提示设备	提 示 内 容	备 注
1	交易成功	蜂鸣器	蜂鸣短 1 声	交易结束触发
		指示灯	绿灯	
		显示屏	无	

表 6(续)

序号	OBU 状态	提示设备	提示内容	备注
2	交易失败、标签无卡	蜂鸣器	蜂鸣短 3 声	交易结束触发
		指示灯	红灯	
		显示屏	无	
3	插卡成功	蜂鸣器	蜂鸣短 1 声	插卡过程触发
		指示灯	绿灯	
		显示屏	储值卡显示余额,记账卡显示"记账卡"	
4	读卡出错、读卡失败	蜂鸣器	蜂鸣短 3 声	插卡过程触发
		指示灯	红灯	
		显示屏	读卡失败	
5	电池电量不足	蜂鸣器	蜂鸣短 3 声	交易结束或插卡过程触发
		指示灯	红灯	
		显示屏	电量不足	
6	标签被拆卸	蜂鸣器	蜂鸣短 3 声	交易结束或插卡过程触发
		指示灯	红灯	
		显示屏	标签已失效	

4.2.4.10 OBU 扩展要求

OBU 应具有参数自适应调整功能。

参数自适应调整功能：OBU 的接收和唤醒灵敏度、发射功率等参数可在一定范围内调整。调整方法有两种：一种通过 DSRC 方式或者有线数据接口方式调整 OBU 的上述参数；另一种是通过专用测试 IC 卡调节，不同卡片类型的专用测试 IC 卡代表不同的设置状态，插入后 OBU 可根据 IC 卡类型进行参数调整。OBU 应支持上述至少一种参数调整模式。可调整参数的参考范围和 IC 卡类型见附录 A。

4.2.4.11 OBU 测试模式

测试模式支持：OBU 唤醒后应具备测试模式和工作模式两种状态，一般情况下处于工作模式，在插入专用测试 IC 卡、接收到测试 BST 用例或使用有线数据接口方式进入测试模式。测试模式参见附录 B。

测试点：OBU 的电路板应具有满足 4.2.4.1 中测试电流和功耗的测试点。

4.2.4.12 OBU 外观要求

OBU 外观应符合相关标准的要求，其生产厂家、序列号及型号等信息应标识清晰、完整、耐久。

4.3 非接触式 CPU 卡技术要求

4.3.1 非接触式 CPU 卡尺寸要求

非接触式 CPU 卡卡片尺寸应满足 GB/T 14916 中关于"ID-1 卡未使用的卡"的有关要求。

4.3.2 非接触式 CPU 卡物理层

OBU 使用的非接触式 CPU 卡的物理层参数应满足表 7 的规定。

表 7　非接触式 CPU 卡物理层参数

序号	参　　数	范　　围	备　　注
1	频率及频偏	13.56MHz ±7kHz	—
2	通信速率	106kbps 及以上的倍频	与 OBU 通信时通信速率为 424kbps

4.3.3　非接触式 CPU 卡 COS 性能

OBU 使用的非接触式 CPU 卡的 COS 性能应满足表 8 的规定。

表 8　非接触式 CPU 卡的 COS 性能

序号	参　　数	范　　围（ms）
1	选择目录文件	≤8
2	读二进制文件	≤5.1
3	取随机数	≤6
4	外部认证	≤3.6
5	写二进制文件	≤12.5
6	验证口令	≤3.5
7	复合消费初始化	≤11
8	读钱包余额	≤2.1
9	选择目录文件	≤8

4.3.4　非接触式 CPU 卡的返回信息

OBU 使用的非接触式 CPU 卡的返回信息应满足《收费公路联网电子不停车收费技术要求》中第 16 部分的要求。

4.3.5　非接触式 CPU 卡的用户可用容量

OBU 使用的非接触式 CPU 卡的用户可用容量，应大于等于卡标称的用户可用空间。

4.4　ETC 车道配套设施技术要求

ETC 车道配套设施应满足 GB/T 28968 的规定。

4.5　ETC 车道上位机

4.5.1　ETC 车道上位机性能要求

ETC 车道上位机的配置应满足相关管理规定的要求。

4.5.2　ETC 车道上位机处理流程

ETC 车道上位机处理流程应满足相关管理规定的要求。

4.6　非现金收费系统工程质量检验评定标准

非现金收费系统工程质量检验评定应满足 DB 53/T 446 中 8.11 条的规定。

5 检测方法

5.1 测试装置、仪器和被测件

5.1.1 通用测试仪器(矢量信号收发仪)

接收端频率范围满足5.6~6.0GHz,实时带宽不小于30MHz,频率准确度应达到±1ppm,调谐速度小于2ms,10kHz偏置相位噪声小于-90dBc/Hz,输入功率范围满足-110~+20dBm,输入功率准确度1.0dB,噪声本底小于-140dBm/Hz,采样率应达到120MS/s,采样精度不小于14位,支持ASK和FSK调制信号实时分析,至少能够连续存储100ms的采样数据。

发射端频率范围满足5.6~6.0GHz,实时带宽不小于30MHz,频率准确度应达到±1ppm,调谐速度小于2ms,10kHz偏置相位噪声小于-90dBc/Hz,输出功率范围满足-110~+7dBm,输出功率步进0.1dB,功率绝对准确度±1dB,噪声本底小于-140dBm/Hz,采样率应达到120MS/s,采样精度不小于14位,支持ASK和FSK调制信号实时生成。

5.1.2 环形器

环行器的频率范围应满足5.7~5.9GHz,插入损耗小于2dB,隔离度满足30~40dB,VSWR不大于1.5:1,最大输入功率不小于10dBm。

5.1.3 参考天线

参考天线分为两种,一种是全向天线,另一种是定向天线。天线要求如下:

a) 全向天线:频率范围应满足5.7~5.9GHz,天线增益1~3dBi,右旋圆极化;
b) 定向天线:频率范围应满足5.7~5.9GHz,天线增益不超过15dBi,右旋圆极化。

5.1.4 控制计算机

控制计算机用于控制被测RSU发送测试要求的命令或信号。

5.1.5 被测RSU

被测RSU应提供控制计算机连接端口,以及配套的控制软件,能够发射测试方法要求的信号,并对测试装置返回的响应进行正确处理和显示。

5.1.6 被测OBU

被测OBU应能够接收测试装置发射的信号,进行正确处理并返回响应,能支持附录B中的规定,使用有线数据接口方式进入测试模式。

5.1.7 被测CPU卡

被测CPU卡内部应无文件结构。

5.2 RSU测试方法

5.2.1 RSU物理层测试方法

按照GB/T 20851.5和《收费公路联网电子不停车收费技术要求》中第14部分进行。

5.2.2 RSU 数据链路层测试方法

该装置由控制计算机、矢量信号收发仪和参考天线组成，控制计算机用于控制被测 RSU 发送测试要求的命令或信号；矢量信号收发仪采集被测 RSU 信号，并对信号进行处理分析。测试可以采用辐射方式，被测 RSU 通过天线传输信号，矢量信号收发仪通过天线接收信号，测试装置如图 4a）所示。测试也可以采用传导方式，将被测 RSU 天线连接端与矢量信号收发仪接收端相连进行测试，测试装置如图 4b）所示。

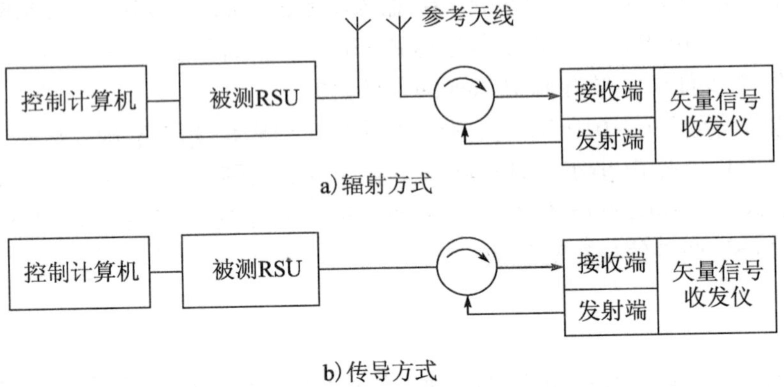

图 4　RSU 物理层和链路层测试装置

采用图 4 装置测试被测 RSU 的 BST 重发间隔、非 BST 重发间隔、唤醒 14kHz 方波和 BST 之间的间隔，测试步骤如下：

a）被测 RSU 由厂家的控制软件发送三种模式下的发射状态；

b）根据被测 RSU 支持的调制方式设置矢量信号收发仪的调制方式、码率，中心频率与所选信道被测 RSU 发送的工作频率相同；

c）设置矢量信号收发仪的接收频率与所选信道的下行工作频率相同；

d）采集同时解调相应的信号，并在显示器上读取 BST 重发间隔、非 BST 重发间隔、唤醒 14kHz 方波和 BST 之间的间隔，测量 3 次取平均值，将结果修约至个位，应满足 4.1.2 的要求。

5.2.3 TAC 码校验方法

在正常交易过程中，使用车道软件取出 RSU 的交易 TAC 码，将其导入云南省非现金结算系统进行校验。

5.3 OBU 测试方法

5.3.1 OBU 物理层测试方法

按照 GB/T 20851.5 和《收费公路联网电子不停车收费技术要求》中第 14 部分进行。

5.3.2 OBU 数据链路层测试方法

5.3.2.1 OBU 零唤醒和数据帧防碰撞要求测试方法

OBU 零唤醒和数据帧防碰撞要求的测试装置由矢量信号收发仪和参考天线组成，矢量信号收发仪用于产生驱动被测 OBU 的命令或信号；矢量信号收发仪同时采集被测 OBU 的响应，并对信号进行处理分析。测试可以采用辐射方式，被测 OBU 通过天线接收矢量信号收发仪的信号并返回响应，测试装置见图 5a）。测试也可以采用传导方式，将被测 OBU 天线连接端与环行器的天线连接端相连进行测试，测试装置见图 5b）。

采用图 5 装置测试被测 OBU 的零唤醒时间，数据帧防碰撞机制的测试步骤如下：

a) 被测 OBU 处于睡眠状态；

b) 根据被测 OBU 支持的调制方式设置矢量信号收发仪的调制方式，中心频率与 OBU 接收的工作频率相同，发射功率大于被测 OBU 可唤醒的功率；

c) 设置矢量信号收发仪的接收频率与所选信道上行工作频率相同；

d) 矢量信号收发仪发送一个唤醒信号（15～17 个周期 14kHz 的方波），在等待 70μs 之后发送 BST 命令，命令内容见表 9；

e) 验证矢量信号收发仪是否收到被测 OBU 返回的 VST 响应；

f) 使用矢量信号收发仪采集信号，计算矢量信号收发仪发送 BST 结束到 OBU 返回 VST 信号的时间间隔，测量 3 次取平均值，将测试结果修约至 0.1，判定其是否满足 4.2.2.2 和 4.2.2.4 的规定；

g) 改变 BST 命令的信道配置参数，重复步骤 b)～f)，完成 2 个信道的 OBU 零唤醒时间，数据帧防碰撞机制的测试。

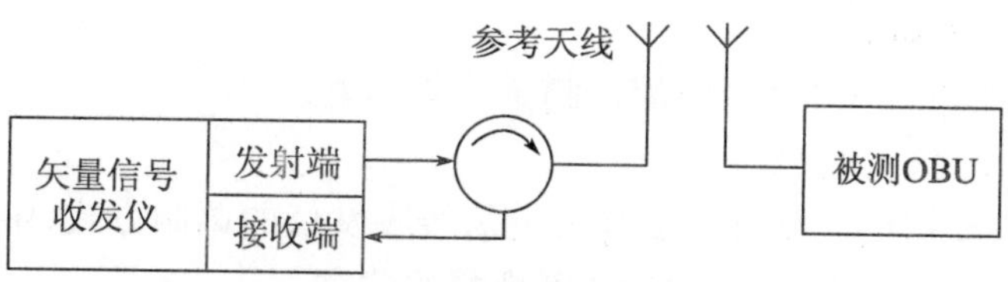

a) 辐射方式

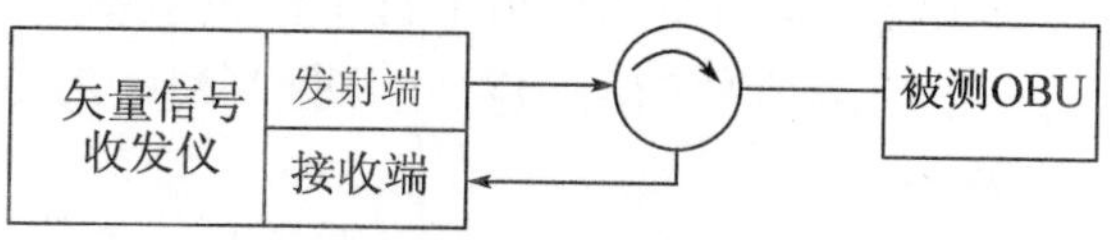

b) 传导方式

图 5　OBU 物理层和链路层测试装置

表 9　BST 命令内容

长度	字　段	位	描　述
1	帧起始标识	0111 1110	7E
4	MAC 地址	0×FFFFFFFF	广播地址
1	MAC 控制域	0101 0000	下行链路、存在 LPDU、命令、广播信息并寻求建立专用链路
1	LLC 控制域	0000 0011	类型 1，无确认，无链接方式
1	段字头	1××× ×001	无分段。××××：PDU 号码，取值 00102。不得设定到 00002 或 00012，此处可填 0×91
1	BST	1100	INITIALISATION. request
	fill	0000	填充
4	RSU BeaconID	—	包括 1 个字节 RSUmanufacturerID 和 3 个字节 RSUindividualID
4	UNIX Time	—	MSB 32bit Unix real time，以 1970－1－1 0:0:0 起算的秒数
1	Profile	0ppp cccc	RSU 支持的配置，无扩展 00H:A 类，通道 1；01H:A 类，通道 2 10H:B 类，通道 1；11H:B 类，通道 2 （ppp 表配置号，cccc 表射频通道号）
1	MandApplications	0nnn nnnn	无扩展，1 个应用，取值 1

表9(续)

长度	字　段	位	描　　述
1	Option indicator	0	Dsrc-did 不显示
	Option indicator	1	Parameter 存在
	DsrcApplicationEntityID	00 0001	无扩展,AID = 1 (ETC)
1	Option indicator	0	Container 存在(1)
	icctransmode	000 0000	RSU 支持的卡片交易模
1	ProfileList	0000 0000	无扩展,列表中的配置文件号为 0
2	FCS	—	帧校验
1	帧结束标识	0111 1110	7E

5.3.2.2 OBU 休眠机制测试方法

采用图5装置测试被测 OBU 的休眠机制,测试步骤如下:

a) 被测 OBU 处于睡眠状态;

b) 根据被测 OBU 支持的调制方式设置矢量信号收发仪的调制方式,中心频率与 OBU 接收的工作频率相同,发射功率大于被测 OBU 可唤醒的功率;

c) 设置矢量信号收发仪的接收频率与所选信道上行工作频率相同;

d) 矢量信号收发仪发送一个唤醒信号(15 ~ 17 个周期 14kHz 的方波),在等待 70μs 之后发送 BST 命令,命令内容见表9;

e) 等待 5ms 后发送链路释放数据帧[Event-Report(Release)]或不发送任何交易指令等待 100ms,同时使用数据采集卡采集 OBU 的工作电流,当小于工作电流时计时计算中间的时长,测量三次取平均值,将测试结果修约至 0.1,其结果应满足 4.2.2.3 的规定。

在测试休眠机制时还需测试 OBU 对 BST 重发间隔的相应时间,采用图5装置进行测试,其测试步骤如下:

a) 被测 OBU 处于睡眠状态;

b) 根据被测 OBU 支持的调制方式设置矢量信号收发仪的调制方式,中心频率与 OBU 接收的工作频率相同,发射功率大于被测 OBU 可唤醒的功率;

c) 设置矢量信号收发仪的接收频率与所选信道上行工作频率相同;

d) 矢量信号收发仪发送一个唤醒信号(15 ~ 17 个周期 14kHz 的方波),在等待 70μs 之后发送 BST 命令(含预读 0002 和 0015 文件);

e) 使用矢量信号收发仪接收 OBU 返回的 VST 信号,如果在等待 5ms 后,未收到 OBU 返回的 VST,则每隔 5ms 重发 BST,重发 10 次;如果仍未收到 OBU 返回的 VST,则以 5ms 的步进增加重发 BST 的时间间隔,重发 10 次,使用矢量信号收发仪接收 OBU 返回的 VST 信号;如果试验期间收到 OBU 返回的 VST 信号,则记录矢量信号收发仪最后发送 BST 至 OBU 返回 VST 信号的时间间隔。

5.3.3 OBU 设备测试方法

5.3.3.1 OBU 功耗

将 OBU 设置在相应的状态,使用毫安表在专用的测试接口上进行测量,测量3次取平均值,将测试结果修约至 0.1,其结果应满足 4.2.4.1 的规定。

5.3.3.2 OBU 时间要求

使用示波器或可记录的数字万用表连接好 RSU 和 OBU,在正常交易模式下,记录 3 次 RSU 和 OBU 的完整交易记录,从中截取一次进行测试;RSU 发送第一个 BST 的开始时间起,到 OBU 返回第一个 VST 结束的时间为 OBU 的唤醒响应时间。

从 RSU 发送第一个 BST 的开始时间起,到 OBU 和 RSU 完成一个交易的时间为止为单次交易时间,重复上述步骤测量 3 次取平均值,将测试结果修约至 0.1,其结果应满足 4.2.4.2 的规定。

5.3.3.3 OBU 的 IC 卡卡槽

按照 ISO/IEC 14443 和 ISO/IEC 7816 进行。OBU 卡槽尺寸使用精度为 0.01mm 的游标卡尺测量,测量 3 次取平均值,将测试结果修约至 0.01mm,其结果应满足 4.2.4.3 的规定。

5.3.3.4 OBU 防拆卸功能

对被测 OBU 随机抽取三个进行发行,模拟安装后进行试验。

5.3.3.5 OBU 数据存储和读写安全机制

按照《收费公路联网电子不停车收费技术要求》中第 14 部分进行。

5.3.3.6 OBU 安装要求

安装高度使用分辨率不低于 1mm 的钢卷尺进行测量,测量三次取平均值,将测试结果修约至 1mm,其结果应满足 4.2.4.6 的规定。黏结强度按照 GB/T 4851 进行。

5.3.3.7 OBU 电源

在微波暗箱中搭建交易环境,OBU 与 RSU 相隔 25cm,在交易间隔 1s 的情况下用专用软件模拟连续正常交易,并记录交易次数,试验结果应满足 4.2.4.7 的规定。

使用电池放点仪对电池进行放电,直至 OBU 出现首次低电报警时停止,在交易间隔 1s 的情况下用专用软件模拟连续正常交易,试验结果应满足 4.2.4.7 的规定。

5.3.3.8 OBU 环境适应性能

a) 耐低温存储性能按 GB/T 2423.1 规定的试验方法进行,试验结束后,在室温环境下恢复 2h,在室温下进行模拟交易 10 次,不应存在交易失败的情况,验证 OBU 是否能正常交易。

b) 耐低温工作性能按 GB/T 2423.1 规定的试验方法进行,每隔 1h 直接在低温环境温度下进行模拟交易 10 次,不应存在交易失败的情况,验证 OBU 是否能在规定的环境温度下工作。

c) 耐高温存储性能按 GB/T 2423.2 规定的试验方法进行,试验结束后,在室温环境下恢复 2h,在室温下进行模拟交易 10 次,不应存在交易失败的情况,验证 OBU 是否能正常交易。

d) 耐高温工作性能按 GB/T 2423.2 规定的试验方法进行,每隔 1h 直接在高温环境温度下进行模拟交易 10 次,不应存在交易失败的情况,验证 OBU 是否能在规定的环境温度下工作。

5.3.3.9 OBU 人机界面

模拟表 6 中的各种状态,对蜂鸣器、指示灯、显示屏的提示内容进行逐一核对。

测试蜂鸣器的蜂鸣音时,将 OBU 粘贴在 45°的玻璃平板上,更改内部程序,使 OBU 一直鸣叫,与 OBU 相邻 400mm 处架设 A 计权声级计,测量其最大声压等级三次取平均值,将测试结果修约至 0.1dB(A),其结果应满足 4.2.4.9 的规定。

5.3.3.10 OBU 扩展要求

通过 DSRC 方式、有线数据接口方式或者专用测试 IC 卡对 OBU 进行参数调整,按照 GB/T 20851.5 的方法对 OBU 发射功率,唤醒灵敏度,接收灵敏度进行测试。

5.3.3.11 OBU 测试模式

测试模式:插入专用测试 IC 卡,使用 DSRC 专用测试用列或有线数据接口方式对 OBU 进行相应的操作后,在上位机或使用符合 5.1.1 的设备进行验证。

测试点:查验设计图纸并进行实测。

5.3.3.12 OBU 外观要求

目测查验。

5.4 CPU卡测试方法

CPU卡的长度、宽度尺寸使用精度为0.01mm的游标卡尺在三个截面上进行测量,CPU卡的厚度使用板厚千分尺在CPU卡的四个点位上进行测量,取平均值,将测试结果修约至0.01mm,其结果应满足4.3.1的规定。

CPU卡的物理层、COS性能和卡的返回信息按照ISO/IEC 14443,使用专用测试仪器进行测试。

CPU卡的用户可用容量使用读卡器,参照厂家的COS手册,通过不断重复建立文件达到卡片的标称可用空间进行测试。

5.5 车道配套设施要求

按GB/T 28968的规定进行。

5.6 ETC车道上位机测试方法

实际操作查验。

5.7 非现金收费系统工程质量检验测试方法

按照DB 53/T 446中8.11的规定进行。

6 检测项目

RSU、OBU及CPU卡的检测项目见表10。

表10 检测项目表

序号	项目名称	技术要求	试验方法	检测方式
1	RSU物理层	—	—	—
1.1	载波频率	GB/T 20851.1	5.2.1	√
1.2	占用带宽			√
1.3	频率容限			√
1.4	e.i.r.p			○
1.5	杂散发射			○
1.6	天线半功率波瓣宽度	GB/T 20851.1	5.2.1	○
1.7	天线极化			○
1.8	XPD			○
1.9	调制方式			√
1.10	调制误差			√
1.11	频率偏移			√
1.12	编码方式			○
1.13	位速率			√
1.14	位时钟精度			√
1.15	BER			√

表 10(续)

序号	项目名称	技术要求	试验方法	检测方式
1.16	前导码	GB/T 20851.1	5.2.1	√
1.17	后导码			√
1.18	接收灵敏度	4.1.1		○
1.19	调制系数			√
1.20	邻道泄漏功率比			√
2	RSU 数据链路层	4.1.2	5.2.2	√
3	TAC 码校验	4.1.3	5.2.3	√
4	OBU 物理层	—	—	—
4.1	OBU 唤醒方式	GB/T 20851.1	5.3.1	√
4.2	OBU 唤醒时间			√
4.3	OBU 接收带宽			√
4.4	载波频率			√
4.5	占用带宽			√
4.6	频率容限			√
4.7	e.i.r.p			○
4.8	杂散发射			○
4.9	天线半功率波瓣宽度			○
4.10	天线极化			○
4.11	XPD			○
4.12	调制方式			√
4.13	调制误差			√
4.14	频率偏移			√
4.15	位速率			√
4.16	位时钟精度			√
4.17	BER			√
4.18	后导码			√
4.19	OBU 唤醒灵敏度	4.2.1		√
4.20	OBU 接收灵敏度			√
4.21	唤醒灵敏度可调范围			○
4.22	接收截止电平			○
4.23	接收动态范围上限			○
4.24	发射功率			√
4.25	发射功率可调范围			○
4.26	调制系数			√
4.27	前导码			√

表 10(续)

序号	项 目 名 称	技术要求	试验方法	检测方式
5	OBU 数据链路层	—	—	—
5.1	一般要求	GB/T 20851.2	GB/T 20851.2	√
5.2	数据帧防碰撞要求	4.2.2	5.3.2	√
5.3	休眠要求			√
5.4	OBU 零唤醒时序			√
6	OBU 应用层	—	—	—
6.1	一般要求	GB/T 20851.3	GB/T 20851.3	√
6.2	链路层重新建立时间	4.2.3	5.3.2	√
7	OBU 设备技术要求	4.2.4	—	—
7.1	OBU 功耗	4.2.4.1	5.3.3.1	√
7.2	OBU 时间要求	4.2.4.2	5.3.3.2	√
7.3	OBU 的 IC 卡卡槽	4.2.4.3	5.3.3.3	○
7.4	OBU 防拆卸功能	4.2.4.4	5.3.3.4	√
7.5	OBU 数据存储和读写安全机制	4.2.4.5	5.3.3.5	√
7.6	OBU 安装要求	4.2.4.6	5.3.3.6	√
7.7	OBU 电源	4.2.4.7	5.3.3.7	√
7.8	OBU 环境适应性能	4.2.4.8	5.3.3.8	√
7.9	OBU 人机界面	4.2.4.9	5.3.3.9	√
7.10	OBU 扩展要求	4.2.4.10	5.3.3.10	√
7.11	OBU 测试模式	4.2.4.11	5.3.3.11	√
7.12	OBU 外观要求	4.2.4.12	5.3.3.12	√
8	非接触式 CPU 卡技术要求	4.3	—	—
8.1	非接触式 CPU 卡尺寸要求	4.3.1	5.4	√
8.2	非接触式 CPU 卡物理层	4.3.2		√
8.3	非接触式 CPU 卡 COS 性能	4.3.3		√
8.4	非接触式 CPU 卡的返回信息	4.3.4		√
8.5	非接触式 CPU 卡的用户可用容量	4.3.5		√
注:①以上项目有破坏性试验时,单批样品试验数量不少于 8 个; ②“√”必检项目,“○”选作项目,“×”不检项目,“—”不作特殊要求按正常检验规定执行				

附　录　A
（规范性附录）
调整 OBU 参数的专用 IC 卡

A.1　专用 IC 卡定义

按照 DB 11/T 1039 中附录 C 的规定，OBU 支持通过插入专用 IC 卡进行参数自适应调整。专用 IC 卡对应的参数调整范围见表 A.1。

表 A.1　OBU 插入不同的专用 IC 卡时对应的参数调整范围

序号	0015 文件第 9 字节内容	发射功率	灵敏度	说　明
1	90H	缺省值	缺省值	标准参考值
2	91H	+3dB	0dB	发射功率调高 1 挡，灵敏度不变
3	92H	+6dB	0dB	发射功率调高 2 挡，灵敏度不变
4	93H	+9dB	0dB	发射功率调高 3 挡，灵敏度不变
5	94H	0dB	-5dB	发射功率不变，灵敏度增强 1 挡
6	95H	0dB	-10dB	发射功率不变，灵敏度增强 2 挡

附 录 B
(规范性附录)
OBU 测试模式

B.1 进入测试模式的方法

OBU 采用插入专用测试 IC 卡、接收到测试 BST 用例或使用有线数据接口方式进入测试模式。

B.2 专用测试 IC 卡定义

按照 DB 11/T 1039 中附录 D 的规定,专用测试 IC 卡中 0015 文件的第 9 个字节取值对应不同的测试模式,具体参见表 B.1。

表 B.1 OBU 插入不同的专用测试 IC 卡时对应的测试模式

序号	0015 文件第 9 字节内容	信 道	OBU 输出
1	70H	—	显示 OBU 版本号
2	80H	0	发射全"1"序列
3	81H	0	发射全"0"序列
4	82H	0	发射随机 PN9 序列
5	83H	0	发射无调制载波
6	84H	1	发射全"1"序列
7	85H	1	发射全"0"序列
8	86H	1	发射随机 PN9 序列
9	87H	1	发射无调制载波

B.3 专用测试 BST 用例

参照 DB 11/T 1039 附录 D 中 D.2 的规定。

B.4 有线数据接口方式

OBU 使用有线数据接口方式进入测试模式的各个函数定义如下:

B.4.1 函数:open_OBU

函数定义:long__stdcall open_OBU(int mode, const char* devname)。

a) 功能:打开 OBU。
b) 参数 mode:支持模式,0——串口(必须支持),1——TCP/IP(可选),2——USB(可选)。
c) 参数 dev:参数设置,如:串口设备填"COM1"、"/dev/tty0"等,网络设备填"192.168.0.1:80",具体参数根据实际平台名称描述而定。
d) 返回值:成功——返回设备句柄,大于 0,其他值均为失败。

B.4.2 函数:close_OBU

函数定义:int __stdcall close_OBU(long dev)。

a） 功能:关闭 OBU。
b） 参数 dev:OBU 设备句柄。
c） 返回值:0-成功,其他值均为失败。

B.4.3 函数:send_579_wave

函数定义:int__stdcall send_579_wave(long dev)。
a） 功能:发送 5.79G 载波。
b） 参数 dev:OBU 设备句柄。
c） 返回值:0-成功,其他值均为失败。

B.4.4 函数:send_580_wave

函数定义:int__stdcall send_580_wave(long dev)。
a） 功能:发送 5.80G 载波。
b） 参数 dev:OBU 设备句柄。
c） 返回值:0-成功,其他值均为失败。

B.4.5 函数:send_579_PN9

函数定义:int__stdcall send_579_PN9(long dev)。
a） 功能:发送 5.79G PN9。
b） 参数 dev:OBU 设备句柄。
c） 返回值: 0-成功,其他值均为失败。

B.4.6 函数:send_580_PN9

函数定义:int__stdcall send_580_PN9(long dev)。
a） 功能:发送 5.80G PN9。
b） 参数 dev:OBU 设备句柄。
c） 返回值:0-成功,其他值均为失败。

B.4.7 函数:send_579_BIN

函数定义:int__stdcall send_579_BIN(long dev)。
a） 功能:发送 5.79G 方波。
b） 参数 dev:OBU 设备句柄。
c） 返回值:0-成功,其他值均为失败。

B.4.8 函数:send_580_BIN

函数定义:int__stdcall send_580_BIN(long dev)。
a） 功能:发送 5.80G 方波。
b） 参数 dev:OBU 设备句柄。
c） 返回值:0-成功,其他值均为失败。

B.4.9 函数:set_579_BST_wakeup_test

函数定义:int__stdcall set_579_BST_wakeup_test(long dev)。
a） 功能:5.79G OBU 唤醒测试(使用特殊 BST 帧测试,OBU 在收到 BST 后返回对应的 VST)。

b） 参数 dev:OBU 设备句柄。

c） 返回值:0-成功,其他值均为失败。

B.4.10 函数:set_580_BST_wakeup_test

函数定义:int__stdcall set_580_BST_wakeup_test (long dev)。

a） 功能:5.80G OBU 唤醒测试(使用特殊 BST 帧测试,OBU 在收到 BST 后返回对应的 VST)。

b） 参数 dev:OBU 设备句柄。

c） 返回值:0-成功,其他值均为失败。

B.4.11 函数:set_579_14K_wakeup_test

函数定义:int__stdcall set_579_14K_wakeup_test (long dev)。

a） 功能:5.79G OBU 唤醒测试(使用 14K 方波进行 OBU 唤醒测试,OBU 在收到 14K 方波后返回载波)。

b） 参数 dev:OBU 设备句柄。

c） 返回值: 0-成功,其他值均为失败。

B.4.12 函数:set_580_14K_wakeup_test

函数定义:int__stdcall set_580_14K_wakeup_test (long dev)。

a） 功能:5.80G OBU 唤醒测试(使用 14K 方波进行 OBU 唤醒测试,OBU 在收到 14K 方波后返回载波)。

b） 参数 dev:OBU 设备句柄。

c） 返回值:0-成功,其他值均为失败。

注:为了方便测试,在以上函数中除了 open_OBU 和 close_OBU 外,OBU 在接收到命令后蜂鸣器应响一声,用于提示成功接收命令。

参 考 文 献

[1] 中华人民共和国行业标准. JR/T 0025.8—2013 中国金融集成电路(IC)卡规范 第8部分:与应用无关的非接触式规范[S]. 北京:中国金融出版社,2014.
[2] 王爱英. 智能卡技术——IC卡与RFID标签[M]. 3版. 北京:清华大学出版社,2009.